Il galope.

Il se cabre.

Il donne un coup de cul.

Il est au doux passage.

C'est avec un grand plaisir que la Fédération Française d'Equitation s'associe à la collection « Danseur, petit cheval magique » et lui apporte son soutien. Je suis sûre que beaucoup de jeunes lecteurs seront captivés par les aventures de ce magnifique petit cheval.
Au-delà du talent de l'auteur et de l'illustratrice, j'ai été très sensible à la qualité documentaire de l'histoire et des dessins. Le lexique à la fin de chaque histoire servira sans aucun doute de référence aux cavaliers en herbe.
Plus largement, je souhaite qu'en tournant ces pages, les jeunes lecteurs déjà familiers des manèges et des clubs d'équitation retrouvent avec plaisir l'univers qu'ils affectionnent.
L'histoire de Danseur donnera envie à tous les autres de découvrir cet art magnifique et cette formidable école de la vie qu'est l'équitation.

Jacqueline Reverdy
Présidente de la Fédération Française d'Equitation

Nous remercions Geneviève de la Bretesche
pour toute l'aide qu'elle nous a apportée lors
de la création de cet ouvrage.
Lexique : Geneviève de la Bretesche

ISBN : 2-07-055840-1

Numéro d'édition : 127762
Loi n° 46-956 du 16 juillet 1949
sur les publications destinées à la jeunesse
Dépôt légal : avril 2004
Imprimé en Italie

Danseur
PETIT CHEVAL MAGIQUE

L'anniversaire de Danseur

Anne-Marie Philipe
Illustré par
Isabelle Rognoni

GALLIMARD JEUNESSE

Les petits cavaliers du centre hippique de La Haie Fleurie passent le galop 4. C'est un examen très difficile et il faut bien se préparer : Josépha graisse les sabots de Danseur, brosse sa robe, peigne ses crins pour qu'il soit le plus beau. Puis elle embrasse fort le bout de son nez.

– Tout ira bien, ne t'inquiète pas, la rassure le petit cheval.

Dans la tribune, Sissi et Jérôme les regardent dérouler leur reprise de dressage.

– Turlututu, comme ils trottent bien ! glisse l'oie à l'oreille du moniteur.
– Et ils ont fait de sacrés progrès en deux ans, nom d'un petit bonhomme, un vrai bonheur ! acquiesce Jérôme, une main sur son gros ventre.
Les petits chevaux et leurs cavaliers les admirent en attendant leur tour. Voyou agite sa queue pour chasser les mouches.
« Allez, Danseur, pense-t-il. Tu as encore l'obstacle à passer et nous, on doit décorer la carrière pour ton anniversaire, petit têtard. Dépêche-toi de rentrer dans ton box. »
A cet instant, Danseur trébuche sur une pierre.
Dans la tribune, Sissi et Jérôme se lèvent d'un bond.
– Qu'est-ce que tu as ? demande Josépha à voix basse.
– Je suis en train de perdre un fer, chuchote Danseur.
– Tu as mal ? Tu veux qu'on s'arrête ? s'inquiète la petite fille.
– Non. Surtout pas. On continue.
Ah, ça y est, je l'ai perdu !
– On a presque fini la reprise.
Tiens bon, mon Danseur.

Après une dernière volte parfaite, ils doublent dans la longueur puis s'arrêtent pour saluer Sissi et Jérôme.

– Turlututu, descends vite, Josépha, caquette Sissi. Sans fer, Danseur pourrait se blesser. De toute façon, il ne peut pas te faire passer l'obstacle. Ramasse son fer et donne-le au maréchal-ferrant pour qu'il le lui remette. Nom d'une petite oie, quelle malchance ! Juste le jour de son…

– Hum, hum, grommelle Jérôme, vous êtes bien bavarde, Mademoiselle Sissi, si je peux me permettre ! Josépha, tu prendras Voyou pour ta reprise d'obstacles. Gabriel va finir de le détendre pour toi. Ramène vite Danseur dans son box.

Dans le box, Josépha desselle rapidement Danseur.
– Tu as vu, hennit le petit cheval, même sans chaussures, j'ai fini la reprise !
– Oui, mais à cause de toi, il faut que je change de cheval pour l'obstacle, et je n'ai jamais monté Voyou.
Josépha enlève trop vite le filet et le mors bute contre les dents du petit cheval.
– Tu me fais mal, se révolte Danseur, prêt à se cabrer.
– Désolée, j'ai les mains qui tremblent, je n'y peux rien, dit-elle en sortant. Je vais prévenir le maréchal-ferrant.
Et elle s'éloigne en courant. Danseur se précipite à la porte de son box.
– Et mes bonbons à la pomme ?
Je n'ai même pas le droit à un bonbon ?
Mais Josépha ne l'entend pas.
Elle court passer son épreuve d'obstacles avec Voyou.

– Alors, petit père, tu oublies de vérifier tes clous avant les épreuves, rigole Luc, le maréchal-ferrant, en ouvrant la porte du box.
Luc n'est pas très grand, il sautille pour attacher son beau licol rouge autour de l'encolure de Danseur.
– Allons-y, j'ai trois minutes pour te remettre ton fer.
Après, je dois te boucler dans ton box.
– Et pourquoi tu dois m'enfermer ? proteste le petit cheval alors que Luc l'attache à côté de sa camionnette.
– C'est comme ça, je ne discute pas les ordres de Mademoiselle Sissi. Donne-moi ton pied, petit bonhomme.
Parfait. Quelques clous et il n'y paraîtra plus.
En sifflotant, il saisit le fer que lui a donné Josépha, coince l'antérieur de Danseur entre ses cuisses et prend son marteau. Il plante le dernier clou quand on entend des applaudissements du côté des carrières.
– Voyou a réussi son parcours d'obstacles, sourit Luc.
Il est super ce cheval !
Danseur baisse les oreilles et raidit le dos.
– C'est moi le meilleur. Et Josépha, c'est mon amie, à moi.
C'est trop injuste.

A cet instant, Voyou arrive au grand galop.
– Ah, tu es là, petite tête ! Tu te fais beau pour tout à l'heure ?
Danseur gonfle son encolure et pointe ses oreilles en avant.
– Quoi, tout à l'heure ? Qu'est-ce qu'il y a, tout à l'heure ? C'est quoi tous ces mystères aujourd'hui ? Où est Josépha ? Je veux qu'elle m'explique ce qui se passe, dit-il en tirant sur sa longe.
– Oh là, doucement, têtard ! Josépha est trop occupée, pour te faire des mamours. Moi, en revanche, elle m'adore ! Je ne danse pas mais je saute comme un dieu. Enfin, c'est ce qu'elle a dit.
C'en est trop. Danseur, furieux, se cabre si fort qu'il se libère du licol et part au galop.
– Mais qu'est-ce qui te prend ? Reviens ici tout de suite ! gesticule le maréchal-ferrant.

– C'est malin de l'avoir asticoté comme ça ! dit Luc en se tournant vers Voyou. Il va tout découvrir s'il voit la carrière et les ballons.
– Non, on va le rattraper, hennit Voyou. Je passe par-derrière. Toi, cours après lui.
Et il détale comme un lapin vers la douche.
Danseur, lui, saute la haie de troènes, voit la porte du vestiaire, la pousse et se cache dans le noir, hors d'haleine.
Par terre brille un beau paquet cadeau, plein de bleu, de rouge et jaune.

– Un cadeau ? Et pour qui ? Est-ce qu'on m'en fait, à moi, des cadeaux ? Personne n'aura celui-là !
Et, de rage, ses sabots labourent furieusement le papier.
Soudain, il s'arrête et se fige. Il entend Luc qui passe devant le vestiaire en courant.
– Il ne m'a pas trouvé, murmure-t-il. Pas encore. Voyou aussi me cherche. Je dois trouver une autre cachette.
Où est Josépha ? Il faut qu'elle m'aide.
Tout doucement, il entrouvre la porte, risque une encolure, regarde à droite, à gauche et sort sur la pointe des sabots.
Il longe le manège quand, tout à coup, Sissi surgit de l'accueil. De surprise, elle laisse tomber les bougies qu'elle dissimulait sous ses ailes.

– Qu'est-ce que tu fais là ? demande l'oie en s'asseyant sur les bougies pour les cacher. Luc t'a remis ton fer ?

– Oui, articule prudemment Danseur.

– Alors, rentre dans ton box. Turlututu, sois gentil, laisse-moi tranquille.

A cet instant, Voyou et le maréchal-ferrant arrivent ventre à terre.

– Ah, Mademoiselle Sissi, vous l'avez attrapé ! Il vous a renversée ? demande Luc en voyant l'oie par terre.

– Non. Je suis un peu fatiguée alors je me repose. Tout va bien. Pourriez-vous remettre Danseur dans son box, Luc s'il vous plaît ? Voyou, tu veux bien rester avec moi ?

Luc sautille et saisit le toupet de Danseur.
– Viens avec moi. Je te tiens ferme, cette fois-ci tu ne m'échapperas plus.
Ils font quelques pas puis le petit cheval s'arrête et lève la tête. Luc se retrouve sur la pointe des pieds.
– Je ne veux pas rentrer. J'ai faim ! Donnez-moi à manger, au moins, hennit Danseur.
– Turlututu, Luc va te nourrir. Allez, sois sage, dit Sissi.
Danseur baisse la tête et repart vers son box, éberlué.
« Je ne comprends rien, pense-t-il. Sissi ne m'a pas grondé alors que je me suis enfui. Et c'est le maréchal-ferrant qui va me donner mon foin. Tout est bizarre, aujourd'hui. Tellement bizarre. »

La carrière de dressage est toute décorée pour l'anniversaire de Danseur. Des ballons verts, rouges et bleus sont attachés dans les arbres, comme de grosses boules de Noël. Des banderoles jaunes sont tendues entre les lices en bois. Les petits chevaux et les cavaliers rient et s'agitent en tous sens. Jérôme cavale de l'un à l'autre pour aider malgré son gros ventre.

– J'ai les bougies, caquette joyeusement Sissi en arrivant, juchée sur Voyou. Danseur s'était échappé mais je crois qu'il ne les a pas vues. Ton père arrive avec un énorme gâteau, Josépha ! Allez, va chercher Danseur. Fais-lui un beau pansage et ramène-le au trot.

– Moi, je vais chercher le cadeau dans le vestiaire, lance Jérôme, tout excité.

Dans le box, Joséphа brosse la robe, la crinière et la queue de Danseur.

– Mais réponds-moi, hennit le petit cheval. Qu'est-ce qui se passe, aujourd'hui ? Tu es fâchée parce que j'ai perdu un fer alors que ce n'est pas de ma faute. Sissi oublie de me gronder. Et c'est le maréchal-ferrant qui me nourrit. Vous êtes tous fous, ma parole !

En silence, Joséphа peigne son toupet et cure ses pieds.

– Tu as eu ton galop 4 ? Non ? Ah, j'ai compris, on repasse l'obstacle. C'est pour ça que tu me refais une beauté ?

Sans un mot, Joséphа l'entraîne vers la carrière.

– Et Voyou qui frimait comme un malade, poursuit Danseur. Quand je pense que je l'ai cru !

Au bout de l'allée, il découvre la carrière toute pleine de couleurs ! Et, comme dans un rêve, il entend ses copains chanter : *Joyeux anniversaire, joyeux anniversaire, Danseur !*

Alors il lève bien haut ses petits pieds et se met à danser mais la voix de Jérôme retentit soudain et tout s'arrête.

– Qui a abîmé ce paquet, nom d'un petit bonhomme ?

– C'est moi, dit Danseur d'une petite voix. J'étais très en colère. Personne ne s'occupait de moi. Pardon.

Josépha dépose un long baiser sur son nez.
– Je t'aime, mon Danseur. Grâce à toi, j'ai eu la meilleure note en dressage.
– C'est vrai ? sourit le petit cheval.
– Et avec moi, elle a réussi l'obstacle, dit Voyou. Allez, têtard, ouvre ton cadeau !
– Le cadeau ! le cadeau ! hennissent les copains.
Danseur déchire le reste du papier avec ses dents.
– Oh, une bride ! Mon rêve !
– Tu m'apprendras à m'en servir ? demande Josépha.
– Bien sûr. Et on ira au bout du monde, tu verras.

Le harnachement du cheval

La bride

Mors de filet

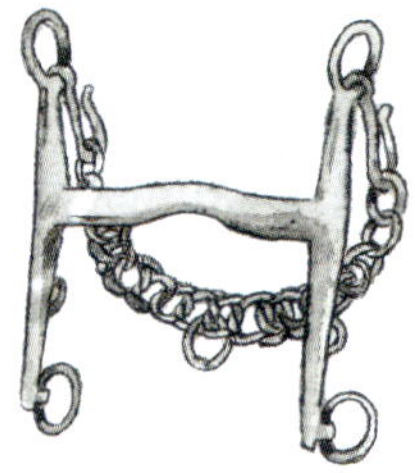

Mors de bride

Harnais de tête comprenant deux mors et deux paires de rênes. Il s'utilise à partir d'un certain niveau de dressage.

Le filet

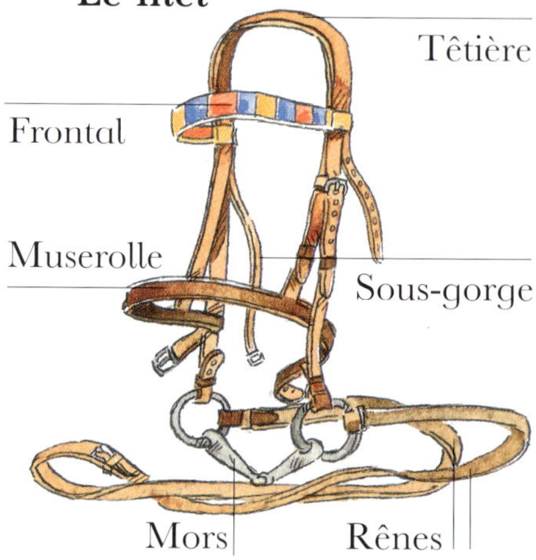

Le galop 4

Les examens en équitation s'appellent des galops. On progresse du galop 1 jusqu'au galop 7. Le galop 4 est déjà assez difficile. Le cavalier doit présenter une reprise de dressage et une reprise d'obstacles devant les moniteurs qui le notent. Passer l'obstacle, c'est faire son parcours d'obstacles. Dérouler sa reprise, c'est présenter sa reprise de dressage.
Le cavalier doit également effectuer diverses figures et être autonome sur son cheval aux trois allures, pas, trot, galop. Il doit aussi bien connaître l'entretien, les besoins et le comportement de son cheval.

Dérouler la reprise de dressage

Passer l'obstacle

Le pansage

C'est la toilette quotidienne du cheval. Il est indispensable pour l'hygiène et la bonne santé de l'animal. C'est aussi l'occasion de vérifier que le cheval n'a pas de blessures. Voici les principales étapes du pansage :
1° Brosser la robe avec un bouchon et une étrille

2° Brosser et peigner la crinière, la queue et le toupet

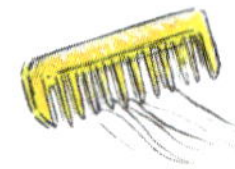

3° Curer les pieds avec un cure-pieds

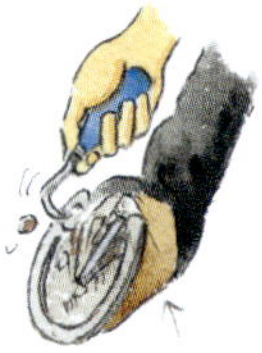

Lexique

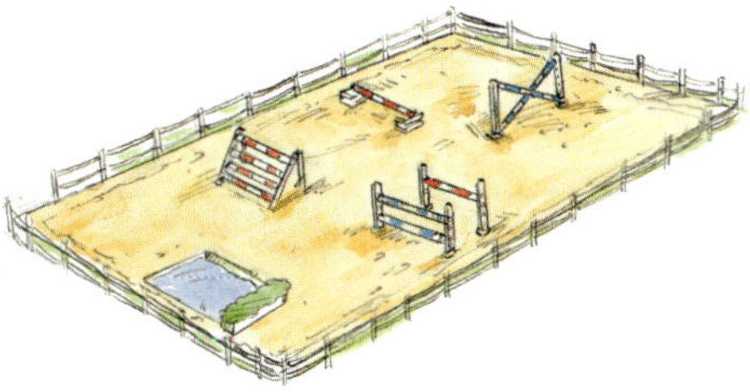

La carrière d'obstacles
La carrière est un espace découvert et clos où les cavaliers peuvent faire travailler leurs chevaux. A La Haie Fleurie, il y a une carrière d'obstacle et une carrière de dressage.

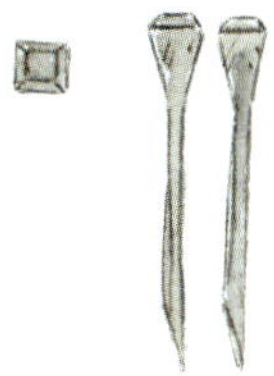

Clou
Petite tige de métal pointue qui sert à fixer le fer sous le sabot du cheval.

Déferrer
Perdre un fer.

Dérouler une reprise
Enchaîner les différentes allures et les figures prévues dans la reprise sans s'arrêter ni tomber.

Doubler dans la longueur
Figure qui consiste à traverser le manège ou la carrière de dressage dans le sens de la longueur en suivant la ligne du milieu. On peut aussi doubler dans la largeur.

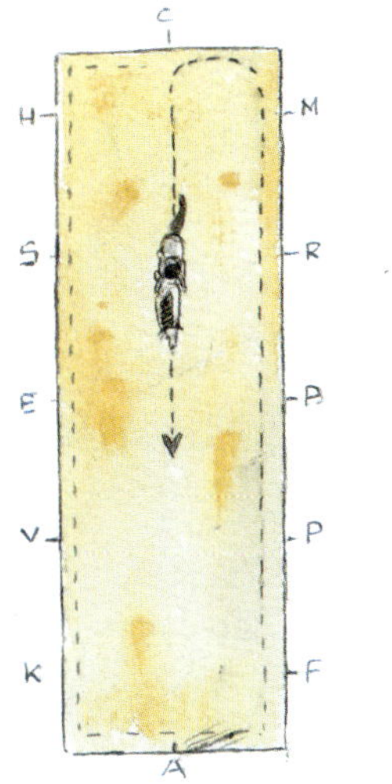

Doubler dans la longueur

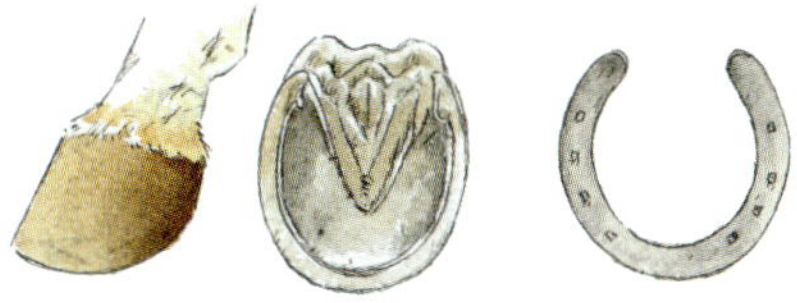

Fer
Morceau de fer arrondi fixé sous le sabot du cheval et qui protège sa corne.

Lices
Barrières qui entourent la carrière.

Maréchal-ferrant
Artisan dont le métier consiste à ferrer les chevaux et les animaux de trait. Régulièrement, il retire les vieux fers, taille la corne du sabot qui pousse en permanence (on dit qu'il pare le pied) et remet des fers neufs.

Obstacle
Dispositif que le cheval doit sauter.

Saluer
Le cavalier doit obligatoirement saluer le jury avant de commencer son parcours (ou sa reprise) et après l'avoir fini.

Tribune
Emplacement élevé ou surélevé qui permet de bien voir ce qui se passe dans la carrière ou dans le manège.

Danseur marche au pas.

Il trotte.

Il fait une cabriole.

Il appuie à gauche.

Il fait une épaule en dedans à droite.